AS I AM

SOY COMO SOY

Poetry / Poesía

CRISTINA CORTEZ

This is a Books&Smith bilingual publication, 2023.

As I am / Soy como soy

Copyright © Cristina Cortez 2023

All rights reserved: Cristina Cortez

A Books&Smith publication.

Published in the United States of America.

First bilingual edition, 2023.

This is a book of poetry. The entirety of its contents comes from the creative mind of the author. Mentions of historical places and people are used only as reference and are dutifully credited.

Book cover image: **"Waiting in Solitude"**
by Hector Escalante Rivera.
Book cover design by Hector Escalante Rivera.

Interior book design and editing by Books&Smith.

This work is not to be reproduced, sold, distributed or copied in any form, virtual or physical, by any possible means, in part or as a whole, without previous written consent by its author. Brief promotional excerpts for marketing or reviewing purposes are allowed.

ISBN: 978-1-7368848-9-8

Reader's Note:

This poetry collection is the most recent work by the irrepressible Cristina Cortez, author of *Tawantinsuyu: Poems of the Time of the Inca*, and other texts in both verse and prose dealing with the history of Latin America, her life as the daughter of Hispanic parents, born in the U.S.A, and her career as a successful author and speaker who is also an expert on life in what many consider the constraint of a wheelchair.

But the work of this smiling, effervescent young woman is exactly like the author who produces it: there is not an atom of self-pity or hopelessness in either. When I entered a section of the text devoted to the importance of dreaming, I thought (for about a second) that I would be led through the morass of escapism, where almost all of us find comfort from time to time. But I was wrong, as I should have known, as a reader justly devoted to the work of Cortez: "escapism" is nowhere in her vocabulary, and neither is "constraint." What she means by "a dream" is no less than a clear inner view of her many intrepid goals, blueprints to achieve those that she is more than intelligent enough to devise, and self-confident enough to pursue them, despite an equally clear view of what the journey entails.

As for "constraints," yes, she knows they exist, but she has learned that she may well be a match for those, and enjoys the effort.

One of the goals she achieves repeatedly, through talks, appearances, and her published work, is teaching others to see the so-called "handicapped" with a full view of their abilities, ambitions, and the sometimes undervalued gifts that nature, character, and determination provide them with. Another, conversely, is to arm those facing exceptional physical challenges with courage, respect for their abilities and what they CAN aspire to and achieve, and the well-deserved dignity of those who can say "I am As I Am."

Reader, whichever group you represent, read this book: it will broaden your view of Others, encourage you to attempt more than you may have thought possible, and take you on a tour of an exceptional mind well worth the visit.

—**Rhina P. Espaillat**
Writer, translator
February 4, 2023.

Editor's note:

All I knew before diving into this work was that Cristina Cortez was a talented poet and, inferred from the title, *As I am / Soy como soy*, that this would be a personal journey.

I had no way to know, however, that this journey would move and inspire me the way it has or that there are people out there, like Cortez, capable of witnessing themselves from various angles (both from the grounds of objectivity and subjectivity): as they see themselves, as others see them, and as they want to be seen.

It is hard to be objective about our ourselves—to step out of the cocoon of idealism in our minds (or pessimism) to see ourselves for who we are, who we cannot be, what we have to offer, the kind of person we would like others to interact with… it is hard to look inside and recognize our strengths or face our limitations—not to whine about them, but to accept our humanity and thus be able to lay out a conscious plan to overcome said limitations or weaknesses and become better: someone we can feel satisfied with and proud of.

It was clear to me that the poet had found her inner eye for self-analysis from the second poem of this collection, titled *2000:* in reference to that pivotal year in which Cortez's life was transformed forever through a series of events and details that led to her viewing the world around her in a different light—rather, in many different lights, rainbow-like, perhaps:

> *was the year when the eyepatch was taken off*
> *was the year of the pink, thin-framed, bifocal glasses*
> *was the year of learning to use a #2 pencil with a pink*
>   *gripper made of putty*
>   *to steady a shaky hand*
>
> *was the year of the first attempt at penmanship—chicken-scratch*
> *was the year of having no desk*
>
> *one was built—at the back of the classroom*

I was row number six: party of one

The work of the poet is to transmit a feeling, an idea, a sentiment or even a mood through their cunning use of language and unchained imagination. The subtler this transmission, the more accomplished the poem. In the previous verses, the reader can sense a trace of nostalgia, a sad *something* that is not entirely sadness. The poet, nevertheless, has not made a direct reference to any such feeling. She has merely stated a few facts. Now, *the poetry* lies in the wording, the disposition of these bursts of narrative, the care taken in the choosing of each term... good poetry walks the reader into its realm and spreads their attention onto many things, a sort of embellished diversion, until the time comes to strike with a final blow: the ultimate purpose, the relentless turn that leads to a revelation. In this particular poem, the revelation is no other than the fact that, although we were distracted with the possibility of sadness or melancholy, the poet plotted to give us something else: resilience and hope:

I was free,
free to roam,
free to be me

I was the only 2nd grader in the whole school with a car!

This reflective monologue, this reckoning of sorts, extends over the anatomy of the book and portrays the poet's path in all its glory and struggle. A warrior, no less, Cristina Cortez launches forward, her mind raised like a grand sword destined to the conquest of her dreams. Of all the beautiful things I could say about this work, perhaps the most significant is the fact that Cortez's voice will be (as in previous instances) a tool of inspiration to many others in circumstances similar to hers (and to us all)—for she has aimed at places seemingly beyond her reach her entire life and, through commitment and drive, her indomitable talents and will have taken her to the destination of her choosing... over and over again.

It is relevant to mention that Cortez's other passion is painting. Even without this comment, you would have guessed it right away; for this book is bursting with color. All colors. Everywhere. The poet understands the profound correlation between color and verse, between color and mood, between canvas and paper. She bets on poetry that is vibrant and rich, whose hues shift and take turns depending on theme and tone—her poetry is a handful of watercolors that spring from the page and splash the reader. To attain this, she reaches out to her delight and understanding of the palette, of light and shadows, to create verses that are alternatively gentle, tender and melancholic:

waves over pastel colors

>*earth's clear blood*
>*reflects, reshapes into blue by a cinnamon sun*
>*fins glide among crevasses of living bone*
>*time's ax chips tired fragments to*
>*newborn sand*

>*plankton*
>*spawn — seaweed —*

>>>*twisting*
>>>*tangling—*

As she treks on, she spares no angle, wastes no time—she has set to encompass her whole life and condense it, poetically, into these sentences. She knows it down to the marrow of her bones: that these poems could become someone else's lighthouse.

The beauty of it all lies in that nothing here is a cry, nothing rings of despair or constraint. Even when she says:

>*Shadows break.*
>*Earth cracks.*
>*Flames consume.*

>*The body: prism*
>*half-colored rainbow wrapping fledgling soul.*

The stardust of life: silver-misted glow.

She convinces us that she is not Daedalus' lost offspring—intoxicated with falsehood and pride.

Instead, she lets us know, in as clear a verse as possible, that she is bound to rise:

> *My eyes open—*
> *Coyote's yellow eyes stare at me.*
> *Hot breath   my breath   our breath*
>
> *I rise.*
> *Sand wings fall.*
> *Raven wings grow,*
> *   I fly*

–**Edgar Smith**
Poet, editor
May 26, 2023.

AS I AM

I Am, I Live

I Am

One flesh
cocoon of life opens
Me: bluish skin, NO O2
NICU, June 7, 1993, Manhasset, NY
lights flicker,   EEGs beep

MY LIFE:
flesh and shell of metal

I am, I live
I live, I am

2000:

was the year when the eyepatch was taken off
was the year of the pink, thin-framed, bifocal glasses
was the year of learning to use a #2 pencil with a pink
                    gripper made of putty
    to steady a shaky hand

was the year of the first attempt
at penmanship—chicken-scratch
was the year of having no desk

one was built—at the back of the classroom
I was row number six: party of one

      was the year of the first label-maker-typewriter,
Brother PT-M95.

Yes!
      was the year of the first desktop PC.

Yes!

      was the year of the first black electric wheelchair
with metal on/off switch.

Yes!

I was free,
free to roam,
free to be me

      I was the only 2nd grader in the whole school
with a car!

The Cement Block

I can't do math
> without mistakes in each problem every time.

I can't do science
> without getting the clouds mixed up.

I can't write logs
> without grammar mistakes corrected in red ink.

I can't do geography
> without labeling a map wrong–

Can't walk, can't run,
> I'm stuck.

I am overweight,
> too many strings like Pinocchio.

I can't do anything
> without help…

I am shrinking in the cracked mirror.

I gain speed in the wheelchair,
> can't keep up in class.

Always using extra time,
> but I watch and listen to what others do.

I am on the sidelines…

I watch the other kids play.

I am on a cement block next to a wall
with a putty ball in my left hand.

Sometimes,
some kids
start to come over
                        …and talk a bit.

Passage of Time in Watercolor

waves over pastel colors

    earth's clear blood
    reflects, reshapes into blue by a cinnamon sun
    fins glide among crevasses of living bone
    time's ax chips tired fragments
    to newborn sand

    plankton
    spawn — seaweed —
                          twisting
                            tangling—

light	banishing	dark
dark	depths	
sand		

sand darkness masks ground

waves crash
nothingness smacks my chest

nothingness smacking my chest
waves crash

sand darkness masks ground

sand		
dark	depths	
light	banishes	dark

twists

       tangles
spawn — seaweed —
plankton

leaves behind newborn sand
time's ax chips tired fragments
to fins glide among crevasses of living bone
reflecting reshaping to blue by a cinnamon sun
earth's clear blood

waves over pastel

Roots

Gray sky,
waking life and death sleep:
a sea of stars swim.

Flicking tongues of flame—
earth sucking life from the breasts.

The milk: lifeblood,
dripping from the leaf tips of a vine,
where the heart used to be.

Time's hourglass—

Shadows break.
Earth cracks.
Flames consume.

The body: prism
half-colored rainbow wrapping fledgling soul.

The stardust of life: silver-misted glow.
Waves: breaking and rocking underneath.
A thunderclap: shaking the firmament.

—the vine withers

Time begins anew,
clear threads of an untainted soul
rising bare as a winter tree:
life begins again.

I am, I live
I live, I am

Rise

Moon glows on black water—
closed eyes
arms spread—

Wings of sand bound to my back
sea waves drag me in,
not letting go.
I can't go on, anymore.

The howl
calling for victory
invisible claw prints march across my mind.

      My eyes open—
Coyote's yellow eyes stare at me.
Hot breath   my breath   our breath

I rise.
Sand wings fall.
Raven wings grow,
              I fly

Spring!
(Abril 2022)

Spring!

Birds burst with beautiful melodies outdoors.

A male canary, a minuscule golden ball of feathers
from inside his gilded cage, heralds:

"Let us all venture out,
out into the open,
for spring has come at last,
and our enclosed lives have come to a close."

Brooding in My Thoughts

Brooding in My thoughts
(March 12, 2017)

12:00 PM

    Scientific Classification:

Kingdom:	*Animalia*
Phylum:	*Chordata*
Class:	*Mammalia*
Order:	*Primates*
Family:	*Hominidae*
Genus:	*Homo*
Species:	*Homo sapiens*

12:07 PM

    My body has a physical condition: impaired motor functioning. My brain works: it is strengthened and enhanced at full capacity with a capacitated mind.

12:12 PM

    My body is a collection of cells dividing to form the organs, the muscles, the skeleton, and the skin that keep me from being just a mass of flesh and fluid. It also carries my brain around. It is the command center of my body sending out signals to tell my extremities what to do.

For most people, this process is seamless. There is no delay between a command and its execution. In my case, some of these signals are misfired and mixed up. At times like this, my body ceases to be an eloquent machine and is a sputtering collection of parts that make a whole, just housing my inner self.

My body then is a shell: inconsequential.

12:18 PM

My body takes up the space it occupies, but it is my space.
My space is not only physical—it is also my mind, and one of the purposes of my existence is the study of the humanities that is encapsulated by Phi Beta Kappa's motto: *Love of learning is the guide of life.* My life experience without literature, history, music, philosophy, and art is limited, but through them, my world expands and goes beyond my home and neighborhood. The humanities have given me an understanding of the past, an appreciation for the present, and hope for what the future might hold. My body is the space that I occupy in the world, but my mind is the territory that I claim for myself. So, to my body, I formally leave this epigraph:

Feet, what do I need you for when I have wings to fly?
—Frida Kahlo

12:20 PM

My body is merely a container for my life as it goes on. My life is in dreams. I dream big things. I live my dream.
I dream awake, working for them day and night.
I live and work according to this maxim:

A person who has not done one half his day's work by ten o'clock, runs a chance of leaving the other half undone.

—Emily Brontë, *Wuthering Heights*

12:25 PM

The pursuit of my dreams is what makes my soul fly. To my soul, I leave the following erasures of the first page of *Jonathan Livingston Seagull* by Richard Bach and a part of Mary Wollstonecraft Shelley's 1831 introduction to *Frankenstein*.

IT WAS MORNING, AND THE NEW SUN SPARKLED GOLD across the ripples of a gentle sea. a fishing boat chummed the water,

███████ alone, out by himself beyond boat and shore, ████████████████ was practicing. A hundred feet in the sky ██████████████ ████████████ strained to hold a painful hard twisting curve through his wings. The curve meant that █ would fly slowly, and now he slowed until the wind was a whisper in █ face, until the ocean stood still beneath ██████ narrowed █ eyes in fierce concentration, held █ breath, forced one ... single ... more ... inch ... of ... curve ... Then █ feathers ruffled, █ stalled and fell.
Seagulls, ███████████ never falter, never stall. To stall in the air is ████ disgrace and ████ dishonor.
    But ████████████████████, unashamed, stretching his wings again in that trembling hard curve ████████████████████████████████
████████████████

████████████

I Am No Ordinary Bird

It was morning
               and the new sun sparkled gold
               across the ripples of a gentle sea.

A fishing boat chummed the water.
Alone, out by myself beyond boat and shore,
practicing my flying. A hundred feet in the sky
—I strained to hold a painful hard twisting
curve through my wings—

The curve meant that I would fly slowly,
and now I slowed until the wind was a whisper in my
face until the ocean stood still beneath me.
     I narrowed my eyes in fierce concentration,
    held my breath, and forced
         one
               single
                       more
                             inch
                                   of
                                         curve

Then my feathers ruffled.
I stalled
and fell.

     Seagulls never falter, never stall.
     To stall in the air is disgrace and dishonor.
     But unashamed, stretching my wings again in
that trembling hard curve, I fly.

12:59 PM

It is not singular   very early in
life have thought of writing.

                              dearer pleasure
                              castles in the air—
indulging in waking dreams   following up trains of
thought
                                           dreams

                         my refuge when annoyed—my
dearest pleasure when free.

— Mary Wollstonecraft Shelley
London, October 15, 1831.
(From Mary Shelley's Introduction
to the 1831 Edition of *Frankenstein*)

My Dearest Pleasure

It is not singular that, given my condition,
at a very early age in life, I have thought of writing.

My dear pleasure
is to build castles in the air
—indulging in walking dreams
following up trains of thought—

Dreams:
    My refuge when annoyed
    My dearest pleasure when free

1:30 PM

> The Activation-Synthesis Model mentions REM sleep as a key factor in dream manifestation because of its interaction with the limbic system. Zhang's continual-activation theory supports the former theory and adds that, without the continual processes involved in dreaming, the brain would slow down its activity and eventually shut down.
> I live life through dreams: pursuing them. There are different theories in the scientific world that seek to explain how humans dream. I ascribe to a conceptualization of dreaming that combines the Activation-Synthesis Model of Dr. J. Allen Hobson and Robert McCarley; and the continual-activation theory of Dr. Jie Zhang.
> These theories can be summed up in the following precepts and conclusion:
> P1: Dreams are created by the mind during REM sleep.

P2: Dreams are a necessary part of human existence as we go through life.

P3: Dreams recharge the brain.

P4: Dreams keep the brain continually active and prevent it from shutting down.

C: Dreams help human beings stay alive (literally and figuratively).

3:22 PM

I Wonder...

What is it to breathe?
How do I move from the realm of words into that of action? How do I keep moving forward despite obstacles? How do I focus on my strength and not my weakness? How dare I expand my horizons? How can I live in the confidence of building a better tomorrow?

3:32 PM

The pull of anticipation and the push of discipline.
—Henry David Thoreau

The difference between wishful thinking and the achievement of a dream is action. Acting upon the need or desire to fulfill a dream is the way to make it part of your reality. Through action, dreams become your reality; and your reality becomes a living dream. It is through labor and struggles that the fruit of success gets sweeter to taste. The road to the dream might be long and bumpy, but it is worth the time. The journey is all about persistence.

How did Robert Frost put it?

> *Two roads diverged in a wood, and I—*
> *I took the one less traveled by,*
> *and that has made all the difference.*

Breaking out of the Margins
~Cento Poems~

Mi ser

      Pain is the price
      I have to pay for underworked and stiffened muscles
      broken glass cuts into me—with every movement.

            My body doesn't measure up,
            but my mind is within my control
            knowledge is my fuel.

      My castle in the air
      holds my dreams
      and I have the key
      it's a small golden one,
      with a sapphire in the center.

      I'll get it out of that cluttered drawer
      and open the double latched door and go
   inside.

In that world,
I'll embrace my dreams.
In that world,
I'll unlock my future
full of possibilities.

Achievement will spur me on as I go,
the more I do, the more my life will be a burst of color.
I will live in a world of my own
acting, creating, working to make it a reality.

Nothing will work unless I do.

I may not control all the events that happen to me, but I
can decide not to be reduced by them.

Pain? I'll endure. I turn my back on the teasing,
the shame, the low expectations, the disappointment,
and the failures that came with false hopes.

Other footsteps have come before me, their faded
imprints are my foothold on this road of life.
I must be firm and move forward strengthen myself up
quickly and dare to defy obstacles.

I'll shove these dark memories
into the black hole of forgotten things,
turn to the sun and do.
I am walking on a path that is all my own
with what I have learned from my predecessors.
I have to gather up tools that will serve me well on my
journey. I must be resolved and move forward,
strengthening myself up to overcome challenges—

    Life can be summed up in a moment
of decision…

turning the screws of fate
that twist and turn into tortured flesh.

    I must move in the world as if the life I am
building
    is not built with stone, but with sand
    acting in a quick, decisive motion to set
the sands of my time in place.

It is not true that people stop pursuing dreams because
they grow old
    they grow old because they stop pursuing dreams.

There is no life worth living without the pursuit of dreams.
I live my life by following my dreams and not sitting around,
    while life goes on.
    I act, I chase them down,
    I grab them.

Chasing dreams is the right of every human being,
    despite the setbacks in life.

In-Capacity

I

It is my understanding that for some, it is a terrifying prospect to have a fully functional mind inside a body that is locked and keeps you stationary. I have the deficiency of a function, which ought to have been perfect with me as it is with others; this was no slight trial…

        and it is more severe on an artist than on anyone else.

The simple activities that are necessary for the creation of art become harder, typing or holding a paintbrush, for example. Just because some tasks get harder doesn't mean they can't get done some other way.

        When the front door is slammed in your face,

you must go through the back door,
and if that one is shut too, go through a window,
just find a way to do it.

II

If you can't fly then run,
if you can't run then walk,
if you can't walk then crawl,
but whatever you do, keep moving forward.

III

I give myself over to my art and think:
Why do I need to walk or run when I have the wings
of creativity to help me fly, and a thousand thoughts
are waiting to burst out of my head?

IV

For me, all the struggle to acquire the ability to walk has
been eclipsed by the desire to cultivate the one muscle
that I have complete control over, my mind. So, I have
resolved to surmount my incapacity with my capacity
for creating art.

                I must exert myself!

Indeed, my incapacity has given me more time to pursue
the quest for learning all I can.

With this state of incapacity, I should concentrate on
the things I can do and not regret the things I can't do.

I've found that I've done more with one finger
than most have done with their whole bodies.
All I am cannot be attributed to my body which takes up
space,
but rather to my mind where my spirit lives.

                Space is nothing to spirit.

V

It has become apparent to me
that problems emerge
from the anxiety of classification.

Classification is an act of authority
and control on the part of those
in power upon the individual.

In truth, there is no 'run of the mill' human being.

For the sake of growth and improvement,
I have chosen to make the most
of each minute of life that I have,
to take into myself everything that is of use
to create an uninhibited
dynamic
and dramatic mode of personal expression.

VI

I chose the road of persistence in this life, and that has made all the difference, for what I am is all the result of the direst need for self-fulfillment.

The spirit of perseverance and daring leads us through all things. Barriers only exist when we pay attention to them, they can, in time, be swept away with diligence.

One must make the decision to not let others define one; I define myself. The words of others must not master the mind you have.

Life is yours to command.

All possibility and action for the future begins in the mind. The mind imagines, and the mind creates, and then action must be taken up.

The fire of accomplishment burns and must be allowed to continue to burn. Logs must be placed into the fire so it will never burn out.

VII

Life itself is about pursuing perfection
wanting to be better than the day before.

But perfection is a moving target,
you can never get to perfection
because it always changes and grows.

Pursuing perfection is like seeking the unattainable,
you go after it because it's just within your reach.
But you never quite get there; that's the fun of it
because you never know how long the journey will be or
where you will end up,
but you know that you will get someplace that's better
than where you started.

VIII

If one has no dreams,
then life is a barren field.
For if dreams go, life is a field covered with snow.

Hold fast to dreams—

To live in dreams
is to live for the future.

To live in dreams is to live a life full of purpose.

With dreams,
the world manifests itself for us
and in us.

IX

Imagination is the silent worker
in all things we want to create.

Without the imagination,
the world would be a poor thing indeed.

When days are weary
and work is done,
the kind voices within my imagination
call me back to them again.
The world within, I doubly prize.
Here I have undisputed sovereignty over myself.

X

In the mind,
there are no barriers,
everything is possible,
and I am not shut out of the world.

XI

I have power over my reality,
           words give me this power.

Words create my reality,
           and words create my world.

My mind does not react to the world,
           it is the world that reacts to my mind.

If the way I see the world changes,
           what I see also changes.

XII

My world is the world
of words: imagination.
—the feelings produced allow me to live a life to the
fullest. Books are my constant companions.
I am in solitude but not alone.

The soul selects her own society—
and the rest of the world is shut out.
Only the select few
are let into the hearth of my heart.
There is no bellman at the door
to announce the company
that comes to visit me,
but there is a constant
bustling within this chamber of my brain
that is in constant chatter
and constant conjuring of a future that will be mine.

These companions come and go as they please,
and I wait to receive them in whatever order they come.

XIII

When it comes to art,
I am not conscious of any handicap or disability.
In spirit I am untrammeled.
My will forges on ahead despite the conditions
of the world that I face.

I am full of ability.
But for this body that I have,
I must depend on others in the physical world.

In my mind,
I must depend on my capacity to retain
what my ears have gathered
to reconstruct my world
as it should be.

The world as we see it
is like a painting full of color
with each added stroke.

But when we reflect
about the life we've created,
we can see a portrait
just finished
of ourselves
that has light and shadow.

This *chiaroscuro* that makes up our life
cannot be fully appreciated
if the canvas we are working on
does not show the traces left by the palette knife.

The perspective with which we portray ourselves is always changing. The portrait is never finished maybe even when we take our last breath…

XIV

When it comes to disability,
people often see the limit
as the definition of it.

The limitation is only the beginning of new possibilities
that exist beyond that. The limitation is the point
of origin. The present is the starting point of the future.

A person is a powerhouse of energy
waiting to be unleashed
to surpass the limitations of life and live abundantly.

A person has to believe in the self as limitless,
and know that the cup of opportunity overflows,
and the honey that comes
from it is endless.

The road of life is rocky,
but perseverance makes it smooth.
It may wind and twist and turn
but becomes easier with each step.

XV

People have often said
that I cannot perceive the difference
between walking in the city and walking in the country.

They forget that my whole body
is alive to the conditions
around me.

Though it is slow, in some cases, my body is enough
to carry me in this life.

I am alive inside,
and that is all that matters.

XVI

With regard to what disability is,
I most dislike that people
try to talk down to my understanding,
and take me for a child
and treat me
as if my capacity for movement
were the same as my ability for thought.

So, it is not my lack
that should concern anyone,
but my capacity.

XVII

Life is either a great adventure
or nothing at all.
Although in life we must suffer,
the greater part of life
is also full of opportunities—

To overcome those obstacles,
keep your face toward the sun,
and you will not feel the chilling winds
of despair or see the shadows of doubt.
No pessimist
ever discovered the secret of the stars,
or sailed to an uncharted land,
or opened a new doorway to the possibility of the human
spirit.

XVIII

You may write of me and say what you will
with bitter, twisted words.
You may trod me down in the dirt of your disdain,
but I will rise.
                    Why are you beset with gloom
                    when I have diamonds in my mind?

Did you want to see me broken
with bowed head
and lowered eyes;
shoulders falling down like teardrops,
and weakened by soulful cries?

No more will I be downtrodden.

You may hurt me with your words,
cut me with your eyes,
you may kill me with your hatefulness or disregard,
but still, I will rise.

XIX

The battles that I have fought behind my forehead
are the ones that force me
to push myself onward
as I go through this life.

To appreciate the light of life
maybe we need to know darkness first.

We cannot take credit for the things we have done
or the talents we have,
         it is what we do with them
         that counts and shows their value.

Fight for the life you want,
because the only alternative is to stop living.

It is better to pass boldly into another phase of life
with a full blaze of passion
than quietly as a weakened spirit,
    withering dismally with the passage of time.

XX

To live without dreams,
that is death in life.
To live dreaming awake
is to live with purpose,
and perhaps construct the dreams
I have conceived.
The pangs of life
are only passing pains.
To live without dreams
is a constant nagging pain
that consumes our bodies and our souls.
Life then becomes
a constant drudgery
until death.

XXI

Life.
The past is an autumn evening, soft and mild.
The present is a green and flowery spray.
The future, when filled with dreams,
is a mighty, glorious, dazzling sea,
stretching into infinity.
To be is to dream,
to not be is to simply exist.

XXII

Time for the dreamer
is like a stream of water
that goes to the banks of the future
awaiting her.

Your head is your hands and feet,
your best faculties are there,
and your instincts will tell you
that your head is an organ
for burrowing deeper into thought.

XXIII

Declare that you will mine
deep down into yourself
to find the treasures you seek,
for these treasures are
in the veins that are yet unexplored.

So, begin to mine,
and be limitless—
for anything is yours
when life is fully lived.

Seek to unleash the power within you.

Groundling to Starling

I am no groundling
craning my neck
to see the world.

I am a starling
flying high
in silver skies.

Notes:

I Am

NICU = Neonatal Intensive Care Unit
O2 = oxygen
EEGs = electroencephalograms

Roots

Ekphrastic poem based on the painting *Roots* by Frida Kahlo. 1943, Native art, self-portrait, oil.

Brooding in My Thoughts

Erasure poetry: A literary term also known as found erasure poetry in which a poet takes an existing text and erases, obscures, or erases a large portion of the text, creating an entirely new work from what remains. An example of Erasure is *Zong!* by M. NourbeSe Philip, (Wesleyan University Press, 2011). *Zong!* uses as a source the legal text of a case against Gregson, a company that owns the Zong ship in which 150 Africans were massacred. This text inspired my use of this poetic form.

"Mi ser" and "In-Capacity"

"Mi ser" and "In-Capacity" are cento poems. Cento or collage poem as defined by Poets.org is a poetic form composed of verses or writings of other people with which a new text is formed. Cento is a Latin word that means "patchwork".

The earliest centos can be found in the work of Homer and Virgil. Modern centos are often witty and create irony or humor from the juxtaposition of images and ideas. Other examples of contemporary centos are "The Dong with the Luminous Nose" by John Ashbery and "Ode: Salute to the New York School" by Peter Gizzi. Ashbery's Cento takes its title from Edward Lear's poem of the same name and weaves in an unlikely variety of voices, including Gerard Manley Hopkins, T. S. Eliot, and Lord Byron.

"Mi ser" and "In-Capacity" are poems in which I used the cento technique. I use phrases or quote ideas from Gabriel García Márquez, Helen Keller, Stephen Hawking, Ludwig van Beethoven, W. B. Yeats, and others. Some of these people have disabilities, while others do not.

I have compiled these quotes throughout my life as manifestos. I made them because people with disabilities sometimes don't have positive or strong role models to show us that a fulfilling life can be achieved. The quotes are combined with my thoughts to illustrate that the disability community is made up of different people, call that difference in culture, language, occupation, sexual orientation, gender identification, and expression.

People with disabilities represent about 15% of the world's population. Despite being many, we are on the periphery of society, and we are only relevant when we raise our voices and assert ourselves. This marginalization means that, as individuals, we seek private spaces in the outside world and in the virtual world to advocate for our rights and speak candidly about the challenges we are experiencing.

People with disabilities are a group. "Mi ser" and "In-Capacity" use the voices of other individuals with or without disabilities to present a collective. An isolated quote represents a life of a person who "suffered" or lives with a disability, but when "In-Capacity" joins the voices, the voices converge into the voice of a unified speaker who declares: You can put me in the margins, but I will not be marginalized, my life is worth living.

"Mi ser" and "In-Capacity" focus on redefining the meaning of what it is to live with a disability despite always being under the lens of discrimination simply for being different.

Mi ser

"Mi ser" is a poem responding to Hans Christian Anderson's *The Little Mermaid*, Louisa May Alcott's *Little Women*, Isabel Allende's *La ciudad de las bestias*, Maya Angelou's poem "I Rise," Marion Zimmer Bradley's *The Fall of Atlantis*, Jorge Luis Borges' *El Aleph*, Henry James' *The Turn of the Screw*, Jorge Luis Borges' *"La biblioteca"*, Gabriel García Márquez' *Cien años de soledad,* Gerard Martin's *Gabriel García Márquez: A Life,* and William Shakespeare's *Hamlet*.

In-Capacity

"In-Capacity" is a cento poem that uses lines from the following individuals (their names are listed in order of appearance):

Benedict Cumberbatch playing Stephen Hawking in *Hawking* (2004); clip in Hawking (documentary, 2014), Cristina Cortez, Full Out "physiotherapy scene" Ariana Berlin's Therapist (Ana Golja), Martin Luther King Jr., Frida Kahlo, Franz Kafka, Leopold Mozart, Ludwig van Beethoven in *The Heiligenstadt Testament*, Helen Keller, Felix Mendelssohn, Line from *The Road Not Taken* by Robert Frost, Joseph Haydn, Langston Hughes, Brendon Burchard, King James Bible Psalm 23:5, Samuel Johnson, Emily Brontë, Emily Dickinson, Maya Angelou, James Joyce, Madeleine L'Engle, William Shakespeare, J.R.R. Tolkien, W.B. Yeats, and Henry David Thoreau.

Groundling to Starling

According to the Merriam-Webster Dictionary Online, *groundling* is defined as:

> a: a spectator who stood in the pit of an Elizabethan theater
> b: a person of unsophisticated taste

In Elizabethan times, play-going audiences were diverse. In the upper gallery, the wealthier patrons fanned themselves and looked with disdain at those who could only afford the penny admission to the pit below. Pit spectators had to sit or stand in close proximity on the bare floor, exposed to the sweltering sun or the dampening rain. At times, they behaved less than decorously, and they reportedly emitted a less-than-pleasant odor. The pit was also called the ground; those in it were groundlings.

Waiting in Solitude
By Hector Escalante Rivera
Medium: Digital painting

Waiting in Solitude is the title of the painting featured on the cover of *As I Am/Soy Como Soy*, by Cristina Cortez. The image represents introspection, the act of contemplating oneself in solitude, where one perceives feelings and thoughts while analyzing our own and other people's behaviors in our individual reality. This process of internal analysis allows us to know, understand and accept ourselves through a deep, solitary, and complete exploration of our being with the possibility that, in time, we can make the necessary changes and adjustments that guide our steps in life on better paths. Introspection helps us, not only to get to know ourselves better, but to respect, love and accept ourselves as we are physically and emotionally.

Cristina Cortez is a first-generation Latin-American poet born to immigrant parents. She holds a B.A. in English, Creative Writing & Literature, and History with Minors in Latin American & Caribbean Studies with Honors & Distinction from Hofstra University (2015), and a Masters in Fine Arts in Creative Writing & Poetics, from the University of Washington Bothell (2018). Her thesis, *Un-bound*, is a cross-genre memoir about living life with a disability. She was a speaker at TEDx Everett (March 2017).

Her work has been published in *I Come From the World Literary Journal* (Summer 2017) and *La Guagua Poetry Anthology: Celebration & Confrontation* (March 2019), *the United Spinal Association's New Mobility Magazine*: the magazine for active wheelchair users.

She completed the Leadership Education in Neurodevelopmental and Related Disabilities (LEND) fellowship program (2019-2020) at the Institute for Community Inclusion (ICI) at Boston Children's Hospital, where she studied neurodevelopmental disabilities as a self-advocate or person with a disability fellow (PWD, also called persons with lived experience or self-advocates). The program provides "advanced interdisciplinary training to health and counseling professionals, families, and self-advocates to improve their knowledge in working with children, adolescents and young adults with developmental and related disabilities. This training is multi-focused and ranges from policy issues and team collaboration to specific clinical practice and support models."

Cortez also participated in the Charting the Life Course Ambassador Series fellowship program, at the University of Missouri Kansas City (UMKC) Institute for Human Development, in affiliation with Mass Families for Change via Zoom (2021).

SOY COMO SOY

Yo soy, yo vivo

Nota al lector:

Esta colección de poesía es la obra más reciente de la irreprimible Cristina Cortez, autora de *Tawantinsuyu: Poemas del tiempo de los Incas,* entre otros textos en verso y prosa que tratan de la historia de la América Latina, su vida como hija de padres hispanos nacida en los Estados Unidos, y su carrera como lograda escritora y conferenciante que también conoce íntimamente lo que es la vida con lo que muchos consideran la restricción de una silla de ruedas.

Pero la obra de esta sonriente, efervescente joven es una copia perfecta de su autora: no contiene ni un átomo de autocompasión o desesperanza. Es más, al comenzar la sección dedicada a la importancia del soñar, temí (por un sólo segundo) que el texto me haría cruzar el pantano del escapismo, donde casi todos encontramos consuelo de vez en cuando. Pero me había equivocado, como debía haber sabido de un principio, como lectora ferviente de las obras de Cortez, y con razón: el "escapismo" no existe en su vocabulario, ni la noción de la "restricción." Lo que ella llama "sueño" es nada menos que la vista interna de sus intrépidas metas, cianotipos necesarios para lograr planes que su inteligencia es más que suficiente para ocurrírsele posibles, a pesar de una vista clara de lo que el esfuerzo conlleva.

En cuanto a las restricciones, sí, esta autora sabe que existen, pero también ha aprendido, durante sus pocos, pero fértiles años, que es capaz de enfrentar trabas, porque lo ha hecho con frecuencia, y goza el esfuerzo.

Una de las metas que Cristina Cortez realiza con frecuencia, por medio de charlas, apariencias públicas, y sus obras publicadas, es dar a conocer a los llamados "discapacitados" con todas sus habilidades, ambiciones, y muchos dones—subestimados con frecuencia—que les han dado la naturaleza, la experiencia, la personalidad individual, la determinación, el carácter—en fin, todo lo que forma al individuo. A la conversa, otra meta que logra esta autora es armar a los que enfrentan retos físicos, y de todo tipo, con el valor, el respeto a su mismo ser, y la dignidad del que dice: Soy como soy.

Sea cual sea el grupo que usted, lector, representa, lea este libro: ampliará su conocimiento del Otro, lo animará a tratar lo que quizás creyó imposible, y dará un recorrido en un intelecto excepcional que bien vale la visita.

—**Rhina P. Espaillat**
Escritora, traductora
Febrero 4, 2023

Nota del editor:

Todo lo que sabía antes de sumergirme en este trabajo era que Cristina Cortez era una poeta talentosa y, por el título, *As I am / Soy como soy*, inferí que este sería un viaje personal.

Sin embargo, no tenía forma de saber que este viaje me conmovería e inspiraría de la forma que lo ha hecho o que hay personas, como Cortez, capaces de atestiguarse a sí mismas desde varios ángulos (tanto desde las gradas de la objetividad como de la subjetividad): como se ven a sí mismas, como las ven los demás y como quieren ser vistas.

Es difícil ser objetivo con nosotros mismos: salir del capullo del idealismo en nuestras mentes (o el pesimismo) para ver quiénes somos, quiénes no podemos ser, qué tenemos para ofrecer, o quiénes queremos ser al interactuar con los demás... es difícil mirar hacia adentro y reconocer nuestras fortalezas o enfrentar nuestras limitaciones, no para quejarnos de ellas, sino para aceptar nuestra humanidad y así poder diseñar un plan consciente de superación de dichas limitaciones o debilidades y llegar a mejorar: convertirnos en alguien de quien podamos sentirnos satisfechos y orgullosos.

Me quedó claro que la poeta había encontrado su ojo interno para el autoanálisis en el segundo poema de esta colección, titulado *2000*: en referencia a ese año crucial en el que la vida de Cortez se transformó para siempre a través de una serie de eventos y detalles que la llevaron a ver el mundo a su alrededor bajo una luz diferente, más bien, bajo muchas luces diferentes, como un arcoíris, tal vez:

> *fue el año en que se quitó el parche ocular*
> *fue el año de las gafas bifocales rosas de montura fina*

fue el año de aprender a usar un lápiz #2 con agarradera
antideslizante rosa
para estabilizar una mano temblorosa

fue el año del primer intento de caligrafía—garabatos
fue el año de no tener escritorio

El escritorio fue construido a mi medida—
se ubicó en la parte de atrás del salón de clases

yo era la única en la última fila
escritorio solitario para uno.

El trabajo del poeta es transmitir un sentimiento, una idea, una pasión o incluso un estado de ánimo a través de su hábil uso del lenguaje y la imaginación desatada. Cuanto más sutil sea esta transmisión, mejor logrado será el poema. En los versos anteriores, el lector puede sentir un rastro de nostalgia, *algo triste que no es del todo tristeza*. La poeta, sin embargo, no ha hecho referencia directa a tal sentimiento. Ella simplemente ha declarado algunos hechos. Ahora bien, *la poesía* está en la redacción, la disposición de esos estallidos narrativos, el cuidado en la elección de cada término… la buena poesía lleva al lector a su terreno y divide su atención entre muchas cosas, en una especie de distracción embellecida, hasta que llega el momento de asestar el golpe final: el propósito último, el giro implacable que conduce a una revelación. En este poema en particular, la revelación no es otra que el hecho de que, aunque estábamos distraídos con la posibilidad de la tristeza o melancolía, la poeta tramó darnos algo más en su lugar: resiliencia y esperanza:

Era libre,
libre para deambular,
libre para ser yo.

¡Yo era la única estudiante de segundo grado en toda la escuela con un carro!

Este monólogo reflexivo, esta especie de ajuste de cuentas, se extiende sobre la anatomía del libro y retrata el camino de la poeta en toda su gloria y lucha. Una guerrera, nada menos, Cortez se lanza hacia adelante, su mente levantada como una gran espada destinada a la conquista de sus sueños. De todas las cosas hermosas que podría decir de este trabajo, quizás la más significativa es el hecho de que la voz de Cortez será (como en casos anteriores) una herramienta de inspiración para muchos otros en circunstancias similares a las suyas (y para todos nosotros), pues ha apuntado a lugares aparente-mente más allá de su alcance toda su vida y, a través del compromiso y el empuje, sus talentos indomables y fuerza de voluntad la han llevado al destino de su elección... una y otra vez.

Es relevante mencionar que la otra pasión de Cortez es la pintura. Incluso sin este comentario, lo habrían adivinado de inmediato; porque este libro está lleno de color. Todos los colores. En todos lados. La poeta comprende la profunda correlación entre el color y el verso, entre el color y el humor, entre el lienzo y el papel. Apuesta por una poesía vibrante y rica, cuyos matices cambian y se alternan según el tema y el tono; su poesía es un puñado de acuarelas que brotan de la página y salpican al lector. Para lograrlo, recurre a su deleite y comprensión de la paleta, de la luz y la sombra, para crear versos alternativamente gentiles, tiernos y melancólicos:

oleaje sobre colores pastel

agua clara,
sangre de la tierra
que refleja imágenes azuladas de un sol canela
se deslizan las aletas por las grietas del arrecife de coral
que el hacha del tiempo fragmenta
y queda atrás la arena recién nacida

> *plancton*
> *desove—algas—*
>
> > *retorciéndose*
> > *enredándose*

A medida que avanza, no escatima ángulos, no pierde tiempo: se ha propuesto abarcar toda su vida y condensarla, poéticamente, en estas oraciones. Ella lo sabe hasta la médula de sus huesos: que estos poemas podrían convertirse en el faro de otra persona.

La belleza de todo esto radica en que nada aquí es un grito, nada suena a desesperación o constricción. Incluso cuando ella dice:

> *Las sombras se rompen.*
> *La tierra se agrieta.*
> *Las llamas consumen.*
>
> *El cuerpo: un prisma*
> *de un arcoíris: medio color que envuelve al alma naciente.*
>
> *El enveleso de la vida: resplandor plateado.*

Nos convence de que no es otra hija perdida de Dédalo, intoxicada por la falsedad y el orgullo.

En cambio, nos hace saber, con el verso más claro posible, que está destinada a resurgir:

> *Mis ojos se abren—*
> *y los ojos amarillos de coyote me miran fijamente.*
> *Su aliento caliente   mi aliento   nuestro aliento*
>
> *Asciendo.*

Las alas de arena caen.
Las alas de cuervo emergen,
y vuelo

—**Edgar Smith**
Poeta, editor.
26 de mayo de 2023.

Ser

Una sola carne
el capullo de la vida se abre
Yo: piel azulada, NO O2
UCIN, junio 7, 1993, Manhasset, NY
luces fosforescentes   EEGs suenan

MI VIDA:
carne y coraza de metal

Yo soy, yo vivo
Yo vivo, yo soy

2000:

fue el año en que se quitó el parche ocular
fue el año de las gafas bifocales rosas de montura fina
fue el año de aprender a usar un lápiz #2 con agarradera
                antideslizante rosa
    para estabilizar una mano temblorosa

fue el año de intentar hacer caligrafía—garabatos
fue el año de no tener escritorio

El escritorio fue construido a mi medida—

se ubicó en la parte de atrás del salón de clases

yo era la única en la última fila:
escritorio solitario para uno

      fue el año de la primera máquina de escribir—
etiquetadora, Brother PT-M95.

¡Sí!

      fue el año de la primera PC de escritorio,

¡Sí!

      fue el año de la primera silla de ruedas eléctrica:
negra con un interruptor de encendido/apagado de metal.

¡Sí!

Era libre,
libre para deambular,

libre para ser yo.

¡Yo era la única estudiante de segundo grado en toda la escuela con un carro!

El bloque de cemento

No puedo hacer matemáticas:
      cometo errores en cada problema.

No puedo hacer ciencias:
      confundo las nubes.

No puedo escribir sin errores gramaticales:
      son corregidos en tinta roja.

No puedo hacer geografía:
      no localizo lugares en el mapa—me desoriento.

No puedo caminar, no puedo correr.

Soy una marioneta gorda
      de hilos
           atascados.

No puedo hacer nada sin ayuda…
Siempre cometo errores.

Me estoy encogiendo en un espejo roto.

Gano velocidad en la silla de ruedas,
      pero no puedo seguir el ritmo de la clase.

Siempre estoy usando tiempo extra
      pero observo y escucho lo que hacen los demás.

Estoy al margen…

Recreo. Veo a los otros niños jugar.

Yo siempre estoy en un bloque de cemento al lado de
una pared, con una bola de masilla en mí mano izquierda

Algunas veces, algunos niños se acercan a mí
y conversamos un poquito.

Paso del tiempo en acuarela

oleaje sobre colores pasteles

      agua clara,
      sangre de la tierra
      que refleja imágenes azuladas de un sol canela
      se deslizan las aletas por las grietas del arrecife
de coral
      que el hacha del tiempo fragmenta
      y queda atrás la arena recién nacida

      plancton
      desove—algas—
                         retorciéndose
                         enredándose

luz   disipando   obscuridad
obscuridad   profundidad
arena

arena obscura cubre el suelo

estallido de olas
la nada golpea mí pecho

la nada golpea mí pecho
estallido de olas

arena obscura cubre el suelo

arena
obscuridad   profundidad
luz   disipando   obscuridad

      enredándose
      retorciéndose

desove—algas—
plancton

          la arena recién nacida ha quedado atrás
          el hacha del tiempo fragmenta
          por los arrecifes de coral se deslizan las aletas
          que reflejan imágenes azuladas de un sol canela
          en el agua clara, sangre de la tierra

oleaje sobre colores pasteles

Raíces

Cielo gris,
despierto del sueño entre la vida y la muerte,
flotando en un mar de estrellas.

Lengüetazos de fuego —
La tierra libando vida de los senos.

La leche: sangre de vida,
gotea de las puntas de las hojas de una vid,
donde solía estar el corazón.

Pasa el tiempo—

Las sombras se rompen.
La tierra se agrieta.
Las llamas consumen.

El cuerpo: un prisma
de un arcoíris: medio color que envuelve al alma
naciente.

El embeleso de la vida: resplandor plateado.
Las olas se rompen y se mecen.
Un trueno sacude el firmamento.

—la vid se seca

El tiempo comienza de nuevo.
Hilos claros de un alma inmaculada
levantándose desnuda como un árbol del invierno:
La vida comienza de nuevo.

Yo soy, yo vivo
Yo vivo, yo soy

Resurgimiento

Sobre el agua negra brilla la luna—
cierro los ojos
extiendo los brazos.

Con alas cubiertas de arena sobre mí espalda
las olas me arrastran,
me resisto.
No puedo más.

El aullido, llamado de victoria,
y las marcas invisibles de sus huellas marchan en mí
mente dirigiendo el paso.

      Mis ojos se abren—
y los ojos amarillos del coyote me miran fijamente.
Su aliento caliente   mi aliento   nuestro aliento

Asciendo.
Las alas de arena caen
Las alas de cuervo emergen,
                    y vuelo

Primavera
(Abril, 2021)

¡Primavera!

Todos los pájaros rebozan de alegría en el campo.

Un canario macho, una minúscula bola amarilla
de plumas desde su dorada jaula declama:

"¡Salgamos, salgamos, al aire libre,
la primavera ha llegado
nuestras vidas encerradas
por fin han llegado a su fin!"

Cavilando en mis pensamientos

Cavilando en mis pensamientos
(12 de marzo de 2017)

12:00 PM
    Clasificación científica:
    Reino: *Animal*
    Filos: *Cordados*
    Clase: *Mamíferos*
    Orden: *Primates*
    Familia: *Homínidos*
    Género: *Homo*
    Especie: *Homo sapiens*

12:07

Tengo un cuerpo con una función motora limitada. Tengo un cerebro que se fortalece y se potencia a pleno rendimiento.

12:12

El cuerpo es un conjunto de células que se dividen constantemente, generando vida. El cerebro es el centro de comando del cuerpo que envía señales para decirle a mis extremidades qué hacer.

Para la mayoría de las personas, este proceso de comunicación es continuo, no hay demora entre un comando y su ejecución. En mi caso, algunas de estas señales fallan y se confunden y en esos momentos mi cuerpo deja de ser una máquina elocuente que alberga mi yo.

Mi cuerpo entonces es un caparazón—intrascendente.

12:18
Mi cuerpo ocupa el espacio que ocupa, pero es mi espacio.
Mi espacio no es solo físico, también es mi mente, y uno de los propósitos de mi existencia es el estudio de las humanidades que está resumido en el lema de Phi Beta Kappa: *El amor por el aprendizaje es la guía de la vida.* Mi experiencia de vida sin la literatura, la historia, la música, la filosofía y el arte es limitada, pero a través de ellos mi mundo se expande y va más allá de mi hogar y mi barrio. Las humanidades me han dado una comprensión del pasado, la apreciación del presente y la esperanza de lo que podría deparar el futuro. Mi cuerpo es el espacio que ocupo en el mundo, pero mi mente es el territorio que reclamo para mí. Así que a mi cuerpo le dejo formalmente este epígrafe:

> *Pies, para qué los quiero,*
> *si tengo alas para volar.*
>
> —Frida Kahlo

12:20
Mi cuerpo es simplemente un contenedor para mi vida. Mi vida está en los sueños. Sueño con cosas grandes. Vivo mi sueño. Sueño despierta, trabajo día y noche para lograrlos. Vivo y trabajo según esta máxima:
> *Una persona que no ha hecho la mitad del trabajo de su día a las diez en punto, corre el riesgo de dejar la otra mitad sin hacer.*
>
> —Emily Brontë, *Cumbres Borrascosas*

12:25

La búsqueda de mis sueños es el camino para hacer volar mi alma. A mi alma, le dejo dos *erasures* basados en la primera página de *Juan Salvador Gaviota* de Richard Bach y de la introducción de *Frankenstein* de Mary Shelley, edición 1831.

Amanecía, y el nuevo sol pintaba de oro las ondas de un mar tranquilo.
Chapoteaba un pesquero a un kilómetro de la costa cuando, de pronto, rasgó el aire la voz llamando a la Bandada de la Comida y una multitud de mil gaviotas se aglomeró para regatear y luchar por cada pizca de comida.
Comenzaba otro día de ajetreos.
Pero alejado y solitario, más allá de barcas y playas, está practicando Juan Salvador Gaviota. A treinta metros de altura, bajó sus pies palmeados, alzó su pico, y se esforzó por mantener en sus alas esa dolorosa y difícil posición requerida para lograr un vuelo pausado. Aminoró su velocidad hasta que el viento no fue más que un susurro en su cara, hasta que el océano pareció detenerse allá abajo. Entornó los ojos en feroz concentración, contuvo el aliento,
forzó aquella torsión un... sólo... centímetro... más...
Se encresparon sus plumas, se atascó y cayó.
Las gaviotas, como es bien sabido, nunca se atascan, nunca se detienen.
Detenerse en medio del vuelo es para ellas vergüenza, y es deshonor.

Pero Juan Salvador Gaviota, sin avergonzarse, y al extender otra vez sus alas en aquella temblorosa y ardua torsión

No soy un pájaro común

Amanecía,
             el sol pintaba de oro
             las ondas de un mar tranquilo.

Chapoteaba un pesquero a un kilómetro
de la costa
Yo estaba practicando mi vuelo a treinta metros
de altura
Bajé mis pies palmeados,
alcé mi pico y me esforcé por mantener mis alas
—Esa dolorosa y difícil posición
para lograr el vuelo pausado—

Aminoré la velocidad
hasta que el viento fue más que un susurro en mi
cara
         El océano pareció detenerse allá abajo.
         Entorné los ojos en feroz concentración,
         contuve el aliento
         esforzándome
                  un
                          sólo
                                    centímetro
                                                  más
Se me encresparon las plumas.
Me atasqué
y me caí.

         Las gaviotas nunca se atascan, nunca se
detienen.
         Detenerse en medio del vuelo es
vergüenza y deshonor.
         Pero sin avergonzarme, extendí mis alas
         otra vez con temblorosa y ardua torsión…

12:59 PM

No es extraño que, dada mi condición de hija de dos personas distinguidas en el campo de las letras, haya pensado en escribir desde muy temprana edad. Cuando era niña ya garabateaba; y mi pasatiempo favorito durante las horas de recreo era "escribir cuentos". Sin embargo, un placer más querido era construir castillos en el aire -el placer de soñar despierta -, seguir la línea del pensamiento cuyo tema adoptaba la forma de una sucesión imaginaria de incidentes. Mis sueños eran al mismo tiempo más fantásticos y gratos que mis escritos. En estos últimos fui simplemente una imitadora - siguiendo el camino que otros habían trazado en vez de utilizar mis propias ideas. Lo que escribía estaba destinado por lo menos a un lector, mi compañero de infancia y amigo, pero mis sueños eran sólo míos; no permitía que nadie entrara en ellos; eran mi refugio en el hastío y el placer más querido en la alegría.

Mi placer más querido

No es extraño que, dada mi condición,
haya pensado en escribir desde temprana edad.
Mi placer más querido es
construir castillos en el aire
—el placer de soñar despierta
seguir la línea de pensamiento—

Sueños:
        Mi refugio en el hastío
        Mi placer más querido

1:30 PM

El modelo de activación síntesis menciona
el sueño REM como un factor clave en la
manifestación del sueño por su interacción
con el sistema límbico. La teoría de la activación
contínua de Zhang apoya la teoría anterior
y agrega que, sin los procesos continuos
involucrados en soñar, el cerebro disminuiría su
actividad y eventualmente se apagaría.
Vivo la vida a través de perseguir mis sueños.
Existen diferentes teorías en el mundo científico
que buscan explicar cómo sueña la humanidad.
Me adscribo a una conceptualización de los
sueños que combina el modelo de síntesis
de activación de los doctores J. Allen Hobson
y Robert McClarley, profesores de psiquiatría,
y teoría de la activación continua del psiquiatra
Dr. Jie Zhang.
Esta teoría la resumo en los preceptos:
    P1: Los sueños son creados por la mente durante el sueño REM.

P2: Los sueños son una parte necesaria de la existencia humana a medida que transcurre la vida.

P3: Los sueños recargan el cerebro.

P4: Los sueños mantienen el cerebro continuamente activo y evitan que se apague.

Y concluyo:

C: Los sueños ayudan a mantener vivos a los seres humanos (literal y figurativamente).

3:22 PM

Y me pregunto
¿Cómo respirar?
¿Cómo pasar de las palabras a la acción?
¿Cómo avanzar a pesar de los obstáculos?
¿Cómo eclipsar las debilidades?
¿Cómo ampliar los horizontes?
¿Cómo confiar que se puede construir un mejor mañana?

3:32 PM

Alentando el avance y empujando la disciplina.
—Henry David Thoreau

La diferencia entre las ilusiones y el logro de un sueño está en la acción. Actuar sobre la necesidad y el deseo de cumplir un sueño es la forma de hacerlo parte de tu realidad. A través de la acción, los sueños se convierten en tu realidad y tu realidad se convierte en un sueño viviente. Es a través del trabajo y la lucha que el fruto del éxito se vuelve más dulce al paladar. El camino hacia el sueño puede ser largo y lleno de baches, pero vale la pena. El viaje tiene que ver con la persistencia.

¿Cómo lo expresó Robert Frost?

dos caminos se abrían en un bosque, elegí…
elegí el menos transitado de ambos,
y eso supuso toda la diferencia.

Fuera de los márgenes
~Poemas Cento~

Mi ser

Dolor es el precio
que tengo que pagar por músculos hipertónicos
e hipotónicos, son como vidrios rotos que me cortan
con cada movimiento.

                Mi cuerpo no da la talla,
                pero mi mente sí está bajo control
                y el conocimiento es mí energía.

        Mi castillo en el aire
        sostiene mis sueños
        tengo la llave
        es pequeña y dorada
        con un zafiro en el centro.

        Lo sacaré de ese cajón desordenado
        y abriré la puerta de doble cerrojo y entraré.

                En ese mundo
                abrazaré mis sueños.
                En ese mundo
                construiré mi futuro:
                está lleno de posibilidades.

A medida que avanzo,
en cuanto más haga, mi vida será una explosión de color
viviré en ese mundo hecho a mi medida
actuando   creando   lográndolo hasta hacerlo realidad.

Nada tendrá sentido para mí a menos que lo haga
una realidad.

Sé que no controlaré todos los inconvenientes que me sucedan, pero puedo decidir no ser reducida por ellos.

¿El dolor? Lo soporto.
Le doy la espalda a las burlas, a sentir vergüenza, a los prejuicios, a las desilusiones, y los fracasos que vienen de las falsas esperanzas.

Otros casos me preceden,
      sus huellas descoloridas son mi punto de apoyo en este camino de la vida.
Debo ser firme y seguir adelante, fortalecerme rápidamente y atreverme a desafiar los obstáculos.

Enterraré todas esas experiencias negativas
en el agujero negro del olvido,
giraré alrededor del sol.
Caminaré por los senderos que yo dicte
con las enseñanzas de mis predecesores,
me servirán en el viaje de mi vida.
Tengo que ser resuelta y lanzarme al andar
fortaleciéndome rápidamente y con la determinación
de vencer los retos—

      La vida se puede resumir en un momento
de decisión…

girando los tornillos del destino
que se retuercen y se convierten en torturadores
de la carne.

      Debo moverme en un mundo
      donde la vida no se construye con piedra
sino con arena,

actuar con rapidez y determinación—poner las arenas del tiempo en su lugar.

    No es cierto que las personas dejan de perseguir sus sueños porque envejecen,
    envejecen porque dejan de perseguir sus sueños.

    No hay vida que valga la pena vivir cuando se vive sin sueños.
    Vivo mi vida siguiéndolos y no estancada,
    mientras la vida sigue.
    Yo actúo y los persigo,
    los agarro.

Soñar y conquistar los sueños es un derecho de toda persona,
    a pesar de los tropiezos de la vida.

In-validez

I

Entiendo que para algunas personas es
aterrador tener una mente completamente
funcional dentro de un cuerpo inválido y
estacionario. Tengo una deficiencia que
debió haber sido perfecta en mí, como lo es
para los demás; esto no es algo pasajero...

    y es más severo para un artista
que para cualquier otra persona.

Las actividades simples que son necesarias
para la creación de arte se vuelven más
difíciles, escribir o sostener un pincel,
por ejemplo. Pero el hecho de que algunas
tareas se vuelvan más difíciles no significa
que no puedan hacerse de otra manera.

    Cuando la puerta principal se cierra de golpe
en tu cara

        pasa por la puerta trasera,
        y si esa también está cerrada,
        entra por una ventana,
        simplemente encuentra una manera de entrar.

II

Si no puedes volar: entonces corre,
si no puedes correr: entonces camina,
si no puedes caminar: entonces arrástrate,
pero sea lo que hagas, sigue moviéndote hacia adelante.

III

Me entrego a mi arte y pienso:
¿Por qué necesito caminar o correr
cuando tengo las alas de la creatividad
para volar, y miles de pensamientos
esperando para ser expresados?

IV

Para mí, toda la lucha por adquirir la capacidad de caminar ha sido eclipsada por el deseo de cultivar el único músculo sobre el que tengo un control completo: mi mente. Por lo tanto, he resuelto superar mi incapacidad con mi capacidad para crear arte.

  ¡Debo esforzarme!

De hecho, mi incapacidad me ha dado más tiempo para enfocarme en la búsqueda de aprender todo lo que puedo.

  En este estado de incapacidad

debo concentrarme en las cosas que sí puedo hacer y no quejarme de las cosas que no puedo hacer.

He descubierto que he hecho más con un dedo
que la mayoría de las personas con todo su
cuerpo.
Todo lo que soy no puede atribuirse a mi cuerpo, que ocupa un espacio,
sino más bien a mi mente donde vive mi
espíritu.

  El espacio no es una barrera
para el espíritu.

V

Me es evidente
que los problemas surgen
de la ansiedad de la clasificación.

La clasificación es un acto de autoridad
y control sobre otro ser humano
por parte de los que están en el poder.

En verdad, no hay un ser humano «hecho a la
perfección».

Para poder crecer y mejorar, he elegido aprovechar
al máximo cada minuto de vida que tengo,
tomando todo lo que es útil para crear:
un modo de expresión personal
dinámico y desinhibido.

VI

Elijo el camino de la persistencia y esto ha hecho
en mí toda la diferencia, porque lo que soy es el
resultado de la necesidad más extrema
de autorrealización.

El espíritu de perseverancia y audacia nos guía
en las cosas que queremos lograr.

Las barreras solo existen cuando les prestamos
atención, con tiempo y diligencia pueden ser
eliminadas.

Una no debe dejar que otros la definan.
Quien define quien soy, soy yo.

Las palabras de los demás no deben dominar la mente
que tienes.

Tú controlas tu vida.

Toda posibilidad y acción para el futuro comienza
en la mente. La mente imagina, y la mente crea,
y entonces la acción debe ser tomada.

Cuando el fuego del deseo de cumplir tus
propósitos es fuerte, deja que se avive la llama.

Agrega "leña" para que continúe ardiendo.

VII

La vida misma se trata de buscar
la evolución y ser mejor que el día
anterior.

El querer ser mejor es un objetivo móvil,
siempre cambia y en el cambio se crece
y en esta evolución una busca la perfección.

Perseguir la perfección es buscar lo inalcanzable,
vas tras ella porque crees que está a tu alcance.
Pero nunca llegas allí; eso es lo divertido, porque nunca
sabes cuánto tiempo durará el viaje o dónde terminarás,
pero sabes que llegarás a un lugar mejor de donde
comenzaste.

VIII

Cuando los sueños se van
la vida es como un campo estéril
congelado por la nieve

Aférrate a tus sueños

Vivir con sueños
es vivir viendo hacia el futuro

Vivir con sueños es vivir una vida con propósito

Con los sueños
el mundo se manifiesta para nosotros
y en nosotros

IX

La imaginación es el trabajador silencioso
de todas las cosas que queremos crear.

Sin la imaginación,
el mundo sería mediocre.

Cuando los días son pesados
y el trabajo está hecho,
las dulces voces de mi imaginación
me llaman nuevamente a mi mundo interior;
lo aprecio grandemente,
ahí tengo soberanía indisputable sobre mí misma.

X

En mi mente no hay barreras.
Todo es posible.
Yo no estoy excluida del mundo.

XI

Tengo poder sobre mi realidad
            y las palabras me dan este poder.

Las palabras crean mi realidad
            y las palabras crean mi mundo.

Mi mente no reacciona ante el mundo,
            es el mundo que reacciona a mi mente.

Si la forma en que veo el mundo cambia,
            lo que veo también cambia.

XII

Mi mundo es el mundo
de las palabras y la imaginación.
—los sentimientos producidos me permiten vivir
una vida a plenitud.

Los libros son mis compañeros constantes.
Estoy en soledad, pero no estoy sola.

El alma selecciona su propia sociedad,
el resto del mundo queda excluido.
Sólo unos pocos son bienvenidos
en la hoguera de mi corazón.
No hay un portero
que anuncie quien viene a visitarme,
pero hay un bullicio constante
dentro de ese compartimiento de mi cerebro
que está conjurando el futuro que será mío.

Estos compañeros van y vienen según les place,
y espero recibirlos en el orden en que vengan.

XIII

Cuando se trata de arte,
no soy consciente de ningún
impedimento o discapacidad.
En espíritu no tengo restricciones.
Mi voluntad se fortalece ante los retos
que el mundo me presenta.

Tengo habilidades.
Pero con este cuerpo que tengo,
dependo de otros para moverme en el mundo físico.

Dentro de mi mente
dependo de mi capacidad de escuchar y retener
lo que mis oídos han colectado
para reconstruir mi mundo
como quiero que sea.

El mundo tal como lo vemos
es una pintura colorida
que se llena de pincelazos.

Pero cuando reflexionamos
sobre la vida que hemos creado,
podemos ver un retrato
recién terminado
de nosotros mismos
que tiene luz y sombra.

Este claroscuro que conforma nuestra vida
no se puede apreciar plenamente
si el lienzo en el que estamos trabajando
no muestra los trazos que deja la espátula.

La perspectiva con la que nos retratamos a nosotros mismos es siempre cambiante.
El retrato nunca se termina
sino quizás hasta cuando damos el último aliento.

XIV

Cuando se trata de discapacidad,
las personas a menudo ven la falta de capacidad:
como la misma palabra lo indica.

La limitación es sólo el comienzo de nuevas
posibilidades. La limitación es el punto
de origen. El presente es el punto de partida
del futuro.

Una persona es una fuente de energía
que espera ser liberada para sobrepasar
las limitaciones y vivir a plenitud.

Una persona tiene que creer en su poder
ilimitado, y descubrir que la copa de la
oportunidad se desborda y que la miel
que proviene de ella es infinita.

El camino de la vida es rocoso,
pero la perseverancia lo suaviza.
El camino puede ser serpentino,
pero se vuelve más fácil con cada paso.

XV

La gente me pregunta
cómo puedo percibir la diferencia
entre caminar en la ciudad y caminar en el campo.

Olvidan que todo mi cuerpo
está vivo a las condiciones
que me rodean.

Aunque lento, mi cuerpo es suficiente
para llevarme en esta vida.

Estoy viva por dentro, y eso es todo lo que importa.

XVI

Con respecto a lo que es la discapacidad,
lo que más me disgusta
es que se subestime mi entendimiento,
y me tomen por una niña
y me traten
como si mi capacidad de movimiento
fuera la misma que mi capacidad de pensamiento.

Por lo tanto, no es mi falta
lo que debería ocuparles,
sino mi capacidad.

XVII

La vida es una gran aventura
o nada en absoluto.
Aunque en la vida debemos sufrir,
la mayor parte de la vida
está llena de oportunidades.

Para superar los obstáculos,
mantén tu rostro hacia el sol
y no sentirás los vientos escalofriantes
de la desesperación
ni verás las sombras de la duda.
Ningún pesimista descubrió el secreto de las estrellas,
ni navegó a una tierra inexplorada,
ni abrió una nueva puerta
a la posibilidad del espíritu humano.

XVIII

Puedes escribir de mí y decir lo que quieras
con palabras amargas y retorcidas.
Puedes pisotearme en la tierra de tu desdén,
pero me levantaré.

                ¿Por qué estar acosada por la
                tristeza cuando tengo diamantes
                en la mente?

¿Querías verme derrotada
con la cabeza inclinada
y los ojos bajos,
hombros caídos como lagrimones,
debilitados por gritos desgarradores?

Nunca más seré oprimida.

Puedes lastimarme con tus palabras,
juzgarme con tu mirada,
matarme con tu odio o desprecio,
pero aún así, me levantaré.

XIX

Las batallas que he librado en tormento
son las que me obligan
a seguir hacia adelante.

Para apreciar la luz de la vida
tal vez necesitamos conocer la oscuridad primero.

No podemos atribuirnos el mérito de las cosas
que hemos hecho
o los talentos que tenemos,
> es lo que hacemos con ellos
>> lo que cuenta y muestra su valor.

Lucha por la vida que quieres,
porque la única alternativa es dejar de vivir.

Es mejor pasar audazmente a otra fase de la vida
con un resplandor lleno de pasión
que, en silencio como un espíritu debilitado,
marchitándose terriblemente
con el paso del tiempo.

XX

Vivir sin sueños
eso es muerte en vida.
Vivir soñando despierta
es vivir con propósito
y quizás así
construiré los sueños
que he concebido.
Los dolores de la vida
son solo dolores pasajeros.
Pero vivir sin sueños
es un dolor que consume
nuestros cuerpos y nuestras almas.
La vida se convierte
entonces en un trabajo
pesado constante hasta la muerte.

XXI

Vida.
El pasado es una tarde de otoño suave y placentera.
El presente es un paisaje verde y florido.
El futuro, cuando está lleno de sueños, es un poderoso
mar glorioso y deslumbrante, que se extiende
hasta el infinito.
Ser es soñar y no simplemente existir.

XXII

El tiempo para el soñador
es como un riachuelo
que recorre las riberas del futuro que le espera.

Tu cabeza son tus manos y pies,
tus mejores facultades están ahí,
y tus instintos te dirán
que tu cabeza es un órgano,
para escarbar profundamente en tus pensamientos.

XXIII

Declara que cavarás profundamente para encontrar
los tesoros que buscas porque esos tesoros están
en partes de tu mente que aún no has explorado.

Así que comienza la excavación,
y sé diligente porque lo que encuentres es tuyo.

Busca liberar el poder que está dentro de ti.

De *groundling* a estornino

Yo no soy un *groundling*
estirando mi cuello
para ver el mundo

Soy un estornino
volando alto
en cielos plateados.

Notas:

Ser

UCIN = Unidad de cuidados
intensivos neonatales
O2 = oxígeno
EEGs = electroencefalogramas

Raíces

Poema ecfrástico basado en la pintura Raíces de Frida Kahlo. 1943, Arte nativo, autorretrato, óleo.

Cavilando en mis pensamientos

Erasure poetry: término literario también conocido como 'poesía borrador' en el que un poeta toma un texto existente y borra u oscurece una gran parte del texto, creando un trabajo completamente nuevo a partir de lo que queda. Un ejemplo de *Erasure* es *Zong!* de M. NourbeSe Philip, (Wesleyan University Press, 2011). *Zong!* utiliza como fuente el texto legal de un caso contra Gregson, una empresa propietaria del barco Zong en el que fueron masacrados 150 africa-nos. Este texto inspiró mi uso de esta forma poética.

"Mi ser" e "In-validez"

«Mi ser» e «In-validez» son poemas cento. Poets.org define el cento o poema collage como una forma poética compuesta de versos o escritos de otras personas con las que se forma un nuevo texto. Cento es una palabra latina que significa «retazos».
Los primeros centos se pueden encontrar en el trabajo de

Homero y Virgilio. Los centos modernos suelen ser ingeniosos y crean ironía o humor a partir de la yuxtaposición de imágenes e ideas. Otros ejemplos de centos contemporáneos son «The Dong with the Luminous Nose», de John Ashbery y «Ode: Salute to the New York School» de Peter Gizzi. El cento de Ashbery toma su título del poema del mismo nombre de Edward Lear y entreteje una variedad improbable de voces, que incluyen a Gerard Manley Hopkins, T. S. Eliot y Lord Byron.

«Mi ser» e «In-validez» son poemas en los que utilizo esta técnica. Yo uso frases o ideas de citas de Gabriel García Márquez, Helen Keller, Stephen Hawking, Ludwig van Beethoven, W. B. Yeats y otros. Algunas de estas personas tienen discapacidades, otras no.

Estas citas las he compilado a lo largo de mi vida como manifiestos. Los hice porque las personas con discapacidades a veces no tenemos modelos positivos o fuertes que nos muestren que se puede realizar una vida plena. Las citas están combinadas con mis pensamientos para ilustrar que la comunidad de personas con discapacidades se constituye de personas diferentes, llámese esa diferencia cultural, lenguaje, ocupación, orientación sexual, identificación de género y su expresión.

Las personas con discapacidades representamos alrededor del 15% de la población mundial. A pesar de ser muchos, estamos en la periferia de la sociedad y solo somos relevantes cuando alzamos las voces y nos hacemos valer. Esta marginación hace que como individuos busquemos espacios privados en el mundo exterior y en el virtual, para abogar por nuestros derechos y hablar cándidamente de los retos que vivimos.

Las personas con discapacidades somos un colectivo.

«Mi ser» e «In-validez» usan las voces de otros individuos con o sin discapacidades para presentar un colectivo. Una cita aislada representa una vida de una persona que sufrió o vive con una discapacidad, pero cuando «In-validez» junta las voces, las voces se convergen en una persona literaria que declara: Me pueden poner en los márgenes, pero no seré marginada, mi vida vale vivirla.

«Mi ser» e «In-validez» se concentran en redefinir el significado de lo que es vivir con una discapacidad a pesar de estar siempre bajo el lente de la discriminación simplemente por ser diferente.

Mi ser

Este poema responde a *La Sirenita* de Hans Christian Anderson, *Mujercitas* de Louisa May Alcott, *La ciudad de las bestias* de Isabel Allende, al poema de Maya Angelou «I Rise», *La caída de la Atlántida* de Marion Zimmer Bradley, *El Aleph* de Jorge Luis Borges, *La vuelta de tuerca* de Henry James, el poema «La biblioteca» de Jorge Luis Borges, *Cien años de soledad* de Gabriel García Márquez, *Gabriel García Márquez: Una vida*, de Gerard Martin y *Hamlet*, de William Shakespeare.

Este poema cento usa líneas de los siguientes individuos y sus nombres están listados en orden de aparición: Benedict Cumberbatch interpretando a Stephen Hawking en *Hawking* (2004); clip en Hawking (documental, 2014), Cristina Cortez, Full Out «escena de fisioterapia» Terapeuta de Ariana Berlin (Ana Golja), Martin Luther King Jr., Frida Kahlo, Franz Kafka, Leopold Mozart, Ludwig van Beethoven en El testamento de Heiligenstadt, Stephen Hawking, Helen Keller, Felix Mendelssohn, Líneas de «El camino no tomado» por Robert Frost, Joseph Haydn, Langston Hughes, Brendon Burchard, King James Bible Psalm 23:5, Samuel Johnson, Emily Brontë,

Emily Dickinson, Maya Angelou, James Joyce, Madeleine L'Engle, William Shakespeare, J.R.R. Tolkien, W.B. Yeats, y Henry David Thoreau.

De *groundling* a estornino

Según el Merriam-Webster Dictionary Online, *groundling* se define como:

> a: un espectador que estaba en el foso de un teatro isabelino
> b: una persona de gusto poco sofisticado

En la época isabelina, el público asistente a las obras de teatro era diverso. En la galería superior, los espectadores más adinerados se abanicaban y miraban con desdén a los que sólo podían pagar la entrada al foso—los cuales tenían que sentarse o pararse en el suelo, expuestos al sol sofocante o la lluvia torrencial.

*"**Espera en Soledad**"*
Por: Héctor Escalante Rivera
Medio: Pintura digital

"Espera en Soledad" es el título de la obra de arte en la portada de *As I Am/ Soy Como Soy*, de Cristina Cortez. La imagen representa la introspección, el acto de contemplarse en soledad uno mismo, percibiendo sentimientos y pensamientos, mientras analizamos conductas propias y ajenas desde nuestra exclusiva realidad. Este proceso de análisis interior nos permite conocernos, comprendernos y aceptarnos a nosotros mismos mediante una exploración profunda, solitaria y completa de nuestro ser con la posibilidad de que, con el tiempo, podamos realizar los cambios y ajustes necesarios que conduzcan nuestros pasos en la vida por mejores caminos. La introspección nos ayuda, no solo a conocernos mejor, sino a respetarnos, amarnos y aceptarnos tal cual somos física y emocionalmente.

Cristina Cortez es una poeta latinoamericana de primera generación nacida de padres inmigrantes. Tiene una licenciatura en inglés, Escritura Creativa y Literatura, e Historia con Menciones en Estudios Latinoamericanos y del Caribe con Honores y Distinción de la Universidad de Hofstra (2015), y una Maestría en Bellas Artes en Escritura Creativa y Poética, de la Universidad de Washington. Bothell (2018). Su tesis, Un-bound, es una memoria de varios géneros sobre cómo vivir la vida con una discapacidad. Fue ponente en TEDx Everett (marzo de 2017).

Su trabajo ha sido publicado en *I Come From the World* Literary Journal (verano de 2017) y *La Guagua Poetry*

Anthology: Celebration & Confrontation (marzo de 2019), *New Mobility Magazine* de United Spinal Association: la revista para usuarios activos de sillas de ruedas.

Completó el programa de becas de Educación de Liderazgo en Neurodesarrollo y Discapacidades Relacionadas (LEND) (2019-2020) en el Instituto para la Inclusión Comunitaria (ICI) en el Boston Children's Hospital, donde estudió discapacidades del neurodesarrollo como autogestora o persona con discapacidad. (PCD, también llamadas personas con experiencia vivida o autogestores). El programa brinda "capacitación interdisciplinaria avanzada a profesionales de la salud y asesoramiento, familias y autogestores para mejorar su conocimiento en el trabajo con niños, adolescentes y adultos jóvenes con discapacidades del desarrollo y otras discapacidades relacionadas. Esta capacitación tiene múltiples enfoques y abarca desde cuestiones de política y colaboración en equipo para prácticas clínicas específicas y modelos de apoyo."

Cortez también participó en el programa de becas Charting the LifeCourse Ambassador Series, en el Instituto para el Desarrollo Humano de la Universidad de Missouri Kansas City (UMKC), en afiliación con Mass Families for Change a través de Zoom (2021).

Table of contents: / Índice

AS I AM
I Am, I Live

15	I Am
16	2000:
17	The Cement Block
19	Passage of Time in Watercolor
21	Roots
22	Rise
23	Spring

Brooding in My Thoughts

27	Brooding in My Thoughts
31	I Am No Ordinary Bird
33	My Dearest Pleasure
34	I Wonder…

Breaking out of the Margins ~Cento Poems~

39	Mi Ser

In-Capacity

45	I
46	II
47	III
48	IV
49	V
50	VI

51	VII
52	VIII
53	IX
54	X
55	XI
56	XII
57	XIII
59	XIV
60	XV
61	XVI
62	XVII
63	XVIII
64	XIX
65	XX
66	XXI
67	XXII
68	XXIII
69	Groundling to Starling
i	Notes
v	Waiting in Solitude

Soy como soy
Yo soy, yo vivo

91	Ser
92	2000:
94	El bloque de cemento
96	Paso del tiempo en acuarela
98	Raíces
99	Resurgimiento
100	Primavera

Cavilando en mis pensamientos

103	Cavilando en mis pensamientos

107	No soy un pájaro común
109	Mi placer más querido
110	Y me pregunto

Fuera de los márgenes ~Poemas Cento~

115	Mi ser

In-validez

121	I
122	II
123	III
124	IV
125	V
126	VI
127	VII
128	VIII
129	IX
130	X
131	XI
132	XII
133	XIII
135	XIV
136	XV
137	XVI
138	XVII
139	XVIII
140	XIX
141	XX
142	XXI
143	XXII
144	XXIII
145	De *groundling* a estornino
vi	Notas
x	Espera en soledad

Other bilingual books from Books&Smith
Otros libros bilingües de Books&Smith:

Viento del este / Wind from the East
Luisa Navarro

Tratado de ausencias / A Treatise on Absence
Rafael Tejada

Metáfora de lo indecible / Metaphors of Things Unsaid
Elsa Batista

El hombre que se fue / The Man Who Left
Juan Matos

Voz propia / Voice of our own
Edgar Smith

Tawantinsuyu, Poems of the Times of the Incas
Cristina Cortez

www.booksandsmith.com

www.ingramcontent.com/pod-product-compliance
Lightning Source LLC
Chambersburg PA
CBHW021110080526
44587CB00010B/456